MONSIEUR DENOYELLE

DÉCÉDÉ A FEUQUIÈRES

le 28 Septembre 1875.

MONSIEUR DENOYELLE

CONSEILLER D'ARRONDISSEMENT
NOTAIRE HONORAIRE
SUPPLÉANT DU JUGE DE PAIX
DÉLÉGUÉ CANTONAL POUR L'INSTRUCTION PRIMAIRE
PRÉSIDENT DU CONSEIL DE FABRIQUE
MEMBRE DU BUREAU DE BIENFAISANCE.

DISCOURS

PRONONCÉS AUX FUNÉRAILLES

le 30 Septembre 1875.

BEAUVAIS
Typographie de D. PERE, rue Saint-Jean
Imprimeur de l'Evêché.

1875.

ALLOCUTION DE M. L'ABBÉ BARY,

curé de feuquières,

adressée a l'assistance après l'évangile.

Il serait trop long, mes Frères, d'énumérer ici tous ceux que la mort a frappés depuis que nous exerçons le saint Ministère au milieu de vous. Mais, au nombre de nos chers et regrettés défunts, il s'en trouve quelques-uns avec lesquels, de leur vivant, nos relations ont été plus étroites, plus intimes, par suite des fonctions qu'ils remplissaient dans l'intérêt de cette église, fonctions dont ils se sont tous acquittés avec un désintéressement, un zèle et un dévouement sans bornes. C'est ainsi que nous avons eu la douleur de voir disparaître successivement de ce Banc de l'œuvre les respectables MM. Lhotellier et Cauchois, ainsi que le digne M. Huet, qui a tant concouru à l'embellissement de notre église.

Aujourd'hui, une nouvelle et cruelle plaie est faite à notre cœur de prêtre et de pasteur. Nous déplorons avec vous la perte du vénérable M. Denoyelle, notaire honoraire, conseiller d'arrondissement du canton de Grandvilliers, suppléant du juge de paix, président du conseil de fabrique de l'église de Feuquières.

A la vue de ce triste appareil de la mort et de ces larmes amères qui roulent dans vos yeux, je souffre trop, mes bien chers Frères, pour pouvoir vous entretenir longtemps. Au reste, que pourrais-je vous dire que vous ne sachiez aussi bien que moi ?

Celui que nous pleurons n'était-il pas, à votre connaissance à tous, l'homme de bien par excellence ?

Comme me le disait l'un d'entre vous, il y a quelques jours à peine, M. Denoyelle, par sa loyauté dans les affaires, par la droiture de ses intentions, par la noblesse et la franchise de son caractère, par un bon sens exquis, par la dignité jointe à une aimable simplicité dans les manières, appartenait à une race d'hommes qui, malheureusement, tend de plus en plus à disparaître. Mais, ce qui caractérisait particulièrement notre cher défunt, c'était la bonté, cette belle et ravissante vertu qui donne à l'âme qu'elle inspire un attrait irrésistible pour le bien et porte cette âme à se dévouer, à se dévouer encore, à se dévouer toujours au service et au bonheur de ses semblables.

La bonté se reflétait dans le calme de sa figure, dans la limpidité de ses regards, dans la douceur de ses paroles, elle se manifestait dans l'ensemble de toutes ses actions, qui étaient pleines de cet esprit de charité qu'exalte si haut le grand apôtre saint Paul lorsqu'il s'écrie : « La charité ne fait aucun mal, elle fait au contraire toutes sortes de bien : elle est patiente, elle est douce et bienveillante, elle n'est point envieuse, elle n'agit point avec témérité et précipitation, elle ne s'enfle point d'orgueil, elle n'est point ambitieuse, elle ne cherche point ses propres intérêts, elle ne s'irrite pas, elle ne pense et ne soupçonne pas le mal, elle ne se réjouit pas du malheur qui arrive aux autres, elle se réjouit au contraire du bien d'autrui comme du sien propre, elle souffre tout, elle espère tout, elle supporte tout. » Qui d'entre nous ne reconnaît dans ces paroles le véritable portrait de M. Denoyelle? Il aimait à faire le bien, à consacrer son temps, ses forces, sa santé, ses connaissances, au service de ses concitoyens, et cela tout simplement, sans orgueil, sans ostentation, sans vaine recherche de lui-même et de ses intérêts ; accessible à tous par sa grande bienveillance, il obtenait lui-même un accès facile auprès des supérieurs par son exquise urbanité et surtout par son profond respect pour l'autorité. La moindre inconvenance vis-à-vis de l'autorité, soit civile, soit religieuse, le choquait visiblement. Son cœur, grand et généreux, ne connut jamais les bas sentiments de l'envie et de la jalousie.

Mais, ce que j'ai toujours admiré le plus dans M. Denoyelle, c'était la droiture de son âme, et encore la simplicité de sa charité qui l'empêchait de soupçonner le mal et qui se plaisait à excuser l'intention lorsque la faute était manifeste.

Ah ! mes Frères, écoutez bien ce qui me reste à vous dire ; maintenant, c'est surtout le prêtre qui va vous parler.

Toutes les belles qualités que je viens de rappeler et qui rendaient M. Denoyelle si cher à tous ceux qui le connaissaient et l'appréciaient à sa juste valeur, étaient alimentées, développées, ennoblies, sanctifiées par une vertu bien précieuse et absolument nécessaire pour être agréable à Dieu : j'ai nommé la vertu de Religion.

Notre cher et regretté défunt était un homme véritablement religieux. Lui, qui aimait tant à rendre service à ses semblables, comprenait facilement, avec son sens si droit et son cœur si bon, qu'il n'y a rien de plus doux, de plus consolant, de plus glorieux, de plus juste, ni surtout de plus indispensable que de servir le Maître souverain du ciel et de la terre. Aussi, était-il heureux de rendre à Dieu ce qui lui est dû.

Chaque jour, — permettez-moi d'entrer dans sa vie intime, — il s'adressait à Dieu par la prière, et se recommandait, lui et les siens, à sa bonté infinie. Chaque dimanche, il était là au Banc de l'œuvre, assistant au Saint-Sacrifice de la Messe avec un profond respect et la plus édifiante piété. Il vous semble encore le voir, n'est-il pas vrai, mes Frères, le dernier dimanche où il entra dans cette église; il y a au plus quatre semaines : il était à la veille d'être terrassé par le mal qui le minait sourdement. Ah ! je le sais, vous avez été bien touchés en voyant ce vénérable vieillard, pouvant à peine se soutenir, portant déjà sur sa noble figure les signes avant-coureurs de la mort, vous donner, pour la dernière fois, hélas! l'exemple de l'accomplissement d'un des devoirs les plus importants de la vie chrétienne, je veux parler de la sanctification du jour réservé pour le service de Dieu ; je le vois encore s'approcher de cette grille et me remettre, selon notre usage, les noms des défunts que nous recommandons chaque dimanche à la piété des fidèles ; je me sentis profondément ému et je ne pus retenir mes larmes.

Cette vie chrétienne, vous ne l'ignorez pas, mes Frères, était complétée, depuis longtemps, par l'accomplissement des grands devoirs qui sont imposés à tous les fidèles. Cette année même, M. Denoyelle, après s'être acquitté du Devoir pascal, se prépara à recevoir la grâce du Jubilé, et il nous édifia tous en s'approchant de nouveau de la Sainte-Table. Enfin, quand il se sentit frappé à mort, je fus appelé par sa pieuse épouse auprès de son lit de douleur, et je lui adressai simplement cette question : « Mon bon et cher M. Denoyelle, voulez-vous recevoir les sacrements ? » Je l'entends encore me répondre sans hésiter et avec un accent de foi que je ne puis reproduire et que je n'oublierai jamais : « Très-volontiers, M. le Curé », et à partir de ce moment, il ne pensa plus qu'à son éternité, qu'à sanctifier ses cruelles souffrances par la patience et la résignation, et son dernier soupir s'exhala sur la croix, le signe béni de notre Rédempteur.

Ah! mes Frères, c'est ainsi qu'il faut mourir ; oui, c'est ainsi qu'il faut mourir!! Puissions-nous obtenir la grâce d'une semblable mort! Pour cela, nous devons imiter notre cher défunt, mener une vie chrétienne, qui nous prépare à ce terrible passage du temps à l'éternité!

O mon Dieu, nous vous en prions tous, faites que le Sacrifice que nous vous offrons pour l'un de vos bons serviteurs lui soit salutaire! Que le sang de votre divin Fils achève de purifier son âme et la rende digne d'entrer, si elle n'y est déjà, dans le séjour de l'éternel bonheur.

DISCOURS DE M. L'ABBÉ LEGOIX,

SECRÉTAIRE GÉNÉRAL DE L'ÉVÊCHÉ (*).

Avant que la terre ne recouvre les restes inanimés de notre cher défunt, permettez-moi, Messieurs, de rappeler en quelques mots ce que fut M. Denoyelle. Ce n'est pas que vous l'ignoriez ni que vous l'ayez oublié : mais il peut être utile de jeter un regard d'ensemble sur cette existence si utilement et si honorablement remplie. Je suis inconnu de presque tous ceux à qui j'ai l'honneur de m'adresser ; toutefois j'espère que vous ne me reprocherez pas d'être importun ni indiscret, si comme ami du défunt et de toute sa famille, depuis plus de trente ans, je prends la parole en terminant cette triste cérémonie.

M. Denoyelle a été notaire pendant près de quarante ans ! Ce chiffre dit tout, surtout quand on ajoute qu'après quarante ans d'exercice l'excellent M. Denoyelle, en cessant ses fonctions, a emporté dans sa retraite l'estime et la considéra-

---

(*) Ce discours et le suivant ont été prononcés au cimetière.

tion de ses clients et de tous ceux qui ont eu quelques rapports avec lui ; et que ses collègues de l'arrondissement, justement jaloux de conserver dans leur Compagnie celui qui avait été leur doyen pendant quinze ans, lui ont décerné le titre de notaire honoraire. C'est que M. Denoyelle a toujours rempli ses fonctions avec une probité et une intégrité parfaites ; c'est qu'il a toujours traité les affaires de ses clients, quels qu'ils fussent avec un tact, un zèle et un dévouement sans limites. Combien de fois un notaire est appelé dans les familles pour des affaires épineuses où sont engagés des intérêts multiples et souvent opposés ! Avec quelle réserve et quelle discrétion ne faut-il pas agir ! quel soin ne faut-il pas apporter à ménager les susceptibilités, à concilier les esprits et les empêcher de s'aigrir les uns contre les autres ? La mission du notaire est alors fort délicate ; de la manière dont il s'en acquittera dépendent la paix et l'union des familles ainsi que le bon ordre de la société. Je ne crains pas d'être accusé de flatterie en disant bien haut que M. Denoyelle a compris toute l'importance de ce ministère et qu'il l'a accompli sans reproche pendant toute la durée de ses fonctions.

Son intelligence des affaires et son esprit d'équité étaient bien connus ; aussi il fut pendant de longues années suppléant de la justice de paix du canton de Grandvilliers, ce qui lui donna plus d'une fois l'occasion d'arrêter des procès, de mettre à néant des prétentions exagérées ou injustes, de rétablir où elles avaient disparu la paix et la bonne intelligence.

M. Denoyelle fut en outre administrateur du bureau de bienfaisance de Feuquières, membre du conseil municipal, délégué cantonal pour l'instruction primaire, membre et président du conseil de fabrique. Partout on aimait à déférer à ses avis, à suivre ses conseils, parce que l'on connaissait son esprit éclairé et son amour du bien.

Le canton de Grandvilliers lui témoigna sa haute estime et sa confiance en le nommant conseiller d'arrondissement en 1864 et en lui renouvelant son mandat, il y a quelques années. Pour remplir ces nouvelles fonctions, M. Denoyelle avait étudié avec une attention scrupuleuse les besoins et les intérêts des différentes communes du canton de Grandvilliers, et toutes les questions de voirie lui étaient familières. Son impartialité ne lui permettait pas de céder aux sollicitations trop intéressées et n'ayant pour objet qu'un privilége trop exclusif. Après avoir entendu les dires et les observations des concurrents, il ne consultait plus que l'intérêt et le bien de tous. Dans toutes ces affaires il s'entendait au mieux avec le très-regretté général Saget, dont l'éloge n'est plus à faire parmi vous, et que les électeurs du canton de Granvilliers ont su remplacer au Conseil général comme on avait lieu de l'attendre de leur reconnaissance intelligente.

Après avoir apprécié l'officier ministériel et l'administrateur, il convient de parler de l'homme et surtout du caractère de l'homme. M. Denoyelle était doué d'un jugement droit et juste qui ne connaissait ni trouble ni défaillance. Il y joignait une grande fermeté. Je ne citerai que deux exemples :

Dans les jours troublés de 1848, où se produisirent sans pudeur tant de prétentions non justifiées, tant d'ambitions vulgaires ou malsaines, on vit surgir, pour diriger la république naissante, à côté de quelques hommes de mérite, une tourbe de prétendants bruyants, empressés, promettant monts et merveilles, et s'agitant outre mesure, autour de l'urne du suffrage universel, espérant ainsi s'attirer la faveur des électeurs.

M. Denoyelle, jouissant de la confiance et de l'estime de ses concitoyens, fut chargé par eux de se rendre au milieu des réunions préparatoires où l'on devait examiner les titres des candidats. Il se trouve peut-être encore parmi ceux qui me font la faveur de m'écouter, des hommes qui ont été les témoins de la conduite de leur délégué dans ces circonstances critiques, et surtout à Grandvilliers et à Songeons. M. Denoyelle écoutait, examinait, et ensuite il demandait la parole. Alors faisant la distinction du vrai et du faux, de l'utopie et de la réalité, il s'élevait avec force contre les doctrines erronées, contre les promesses fallacieuses et les protestations peu sincères de dévouement à la chose publique. Il savait démasquer le mensonge, et réduire à néant l'éloquence emmiellée de certains orateurs de club qui ne se proposaient d'autre but que d'escalader les places et les fonctions lucratives et qui avaient recours aux appats séduisants, aux éloges pompeux et à la flatterie grossière pour entraîner des électeurs souvent trop crédules et trop inexpérimentés.

Si nous arrivons à une époque plus rapprochée de nous, au moment de l'invasion prussienne, lorsque l'ennemi se répand dans les environs, à la grande terreur des habitants de ces campagnes, nous voyons M. Denoyelle s'adjoindre quelques-uns des plus notables habitants de Feuquières, que j'aperçois encore ici au milieu de ce funèbre cortége, afin de se concerter avec eux sur les moyens à prendre pour répondre aux exigences outrées d'un insolent ennemi et prévenir des désastres imminents. Il n'oubliait pas d'ailleurs de soutenir le courage de ses concitoyens affolés de terreur, et il sut, avec son bon sens, son calme, son sang-froid, en même temps qu'avec son énergie et par ses démarches dévouées, faire face à cette situation si critique dont le bourg de Feuquières sortit aussi bien que la circonstance le permettait.

Ai-je tout dit? Non, Messieurs; et ce qui reste n'est pas le moins important. A toutes ces éminentes qualités, à ce ferme et noble caractère, il faut ajouter l'esprit chrétien. M. Denoyelle, dès ses jeunes années, avait été confié à un vénérable ecclésiastique, son oncle, qui lui fit faire ses premières classes. Puis il entra au collége de Beauvais, alors sous la direction de M. l'abbé Guénard, de vénérée mémoire. Il reçut ainsi une éducation vraiment chrétienne dont il n'oublia jamais les principes. Il eut le bonheur, un peu plus tard, de trouver dans l'une des familles les plus honorables de Grandvilliers, une épouse digne de lui, d'une piété admirable, qui fut l'ange de son foyer domestique et mit en honneur, en toute liberté, autour d'elle et parmi ses chers enfants, les pratiques véritablement chrétiennes qui sont le soutien de la vie et la consolation des mauvais jours. La vie exemplaire de cette pieuse et dévouée compagne que Dieu lui avait donnée, contribua à conserver au fond du cœur de notre cher défunt une foi sincère et un respect profond des vérités religieuses, Mais l'heure vint où il fit plus. Après avoir résigné ses fonctions et cédé son étude, il voulut conformer entièrement sa vie à sa foi qui ne s'était jamais altérée, et il donna à sa famille et à ses vrais amis la satisfaction de le voir reprendre les pratiques chrétiennes qui avaient fait le bonheur de sa jeunesse et qu'il voyait accomplir avec tant de fidélité auprès de lui.

Il y a quelques semaines, quand il se sentit frappé, il comprit que c'était la mort. Bientôt le mal s'aggrava rapidement, et le cher malade reçut de son dévoué pasteur les derniers sacrements. Un calme parfait suivit cette triste cérémonie. Les derniers jours se passèrent dans le silence et dans le recueillement, malgré d'atroces souffrances qu'il supporta avec la résignation et la piété les plus édifiantes jusqu'à l'heure suprême.

M. Denoyelle, nous n'en pouvons douter, Messieurs, est allé recevoir au sein de Dieu la récompense éternelle promise aux hommes de bien et de bonne volonté qui ont su tourner leur regard vers le but marqué à chacun de nous par le souverain Juge et Maître de toutes choses. Sa vie entière peut servir d'exemple; le souvenir de la cordiale estime et de la considération si justement méritée dont il a joui sera toujours présent à notre mémoire et consolera sa digne et bien respectable veuve, ses enfants, sa famille et ses amis.

DISCOURS DE M. LE CONSEILLER GENÉRAL SAGET,

COLONEL D'ÉTAT-MAJOR.

Messieurs,

En quelques semaines, nous avons perdu ces hommes de cœur qui, en s'appuyant l'un sur l'autre, nous dirigeaient depuis si longtemps avec un dévouement sans bornes. — Ils vivaient pour nous bien plus que pour eux-mêmes ! et nous en sommes d'autant plus cruellement frappés.

Vous avez apprécié leurs mérites et vous comprenez le vide immense qu'ils laissent derrière eux. — Même en rassemblant tout mon courage il m'est bien pénible d'être appelé à mesurer l'étendue de ce double malheur ; car il m'a atteint dans ce que j'avais de plus cher ! et ces souvenirs sont inséparables. Cependant, il est de mon devoir de rendre hommage à la mémoire de celui que nous accompagnons aujourd'hui à sa dernière demeure.

Il ne m'appartient pas de faire ressortir ses vertus et le côté profondément chrétien de son caractère ; justice vient de lui être rendue par

M. le curé de Feuquières, avec cette éloquence qui part du cœur et un accent de vérité bien saisissant. M. l'abbé Legoix nous a donné le tableau de sa carrière si honorable et si bien remplie. Je tiens seulement à rappeler la bonté, la générosité, le désintéressement de celui que nous pleurons ; enfin la confiance qu'il inspirait, dès le premier abord, à ceux qui l'approchaient. Sa bienveillance et sa franchise se lisaient dans son regard si expressif, dont le charme dénotait, de suite, le vif désir de se rendre agréable et utile. Vous savez combien était grande son obligeance et, pour ma part, je n'oublierai jamais avec quelle délicate attention il s'est employé pour m'apporter ses consolations alors que les atteintes de la maladie à laquelle il a succombé lui commandaient déjà le repos.

Il était si empressé à rendre service que rien ne lui coûtait pour y parvenir. — Partout où une bonne action était à faire, on était assuré de le voir accourir le premier, et chacun sait comment il secondait son conseiller général, toutes les fois qu'il s'agissait des intérêts du canton.

Un tel exemple est salutaire! il nous conduit à nous estimer les uns les autres, et il contribuera certainement à maintenir, parmi nous, cette union si parfaite dont nous avons, depuis tant d'années, éprouvé les bienfaits.

Esprit charmant ! — homme de bien par excellence ! — Chrétien modèle! nous ne vous oublierons pas. — Vous avez conquis une large place dans nos cœurs, et les sentiments d'estime, de reconnaissance et d'affection que vous nous avez inspirés, laisseront, après vous, une trace ineffaçable. Puissent les regrets que nous manifestons du plus profond de notre âme, apporter quelque adoucissement à la douleur de cette famille dont vous étiez adoré et dont vous faisiez le bonheur !

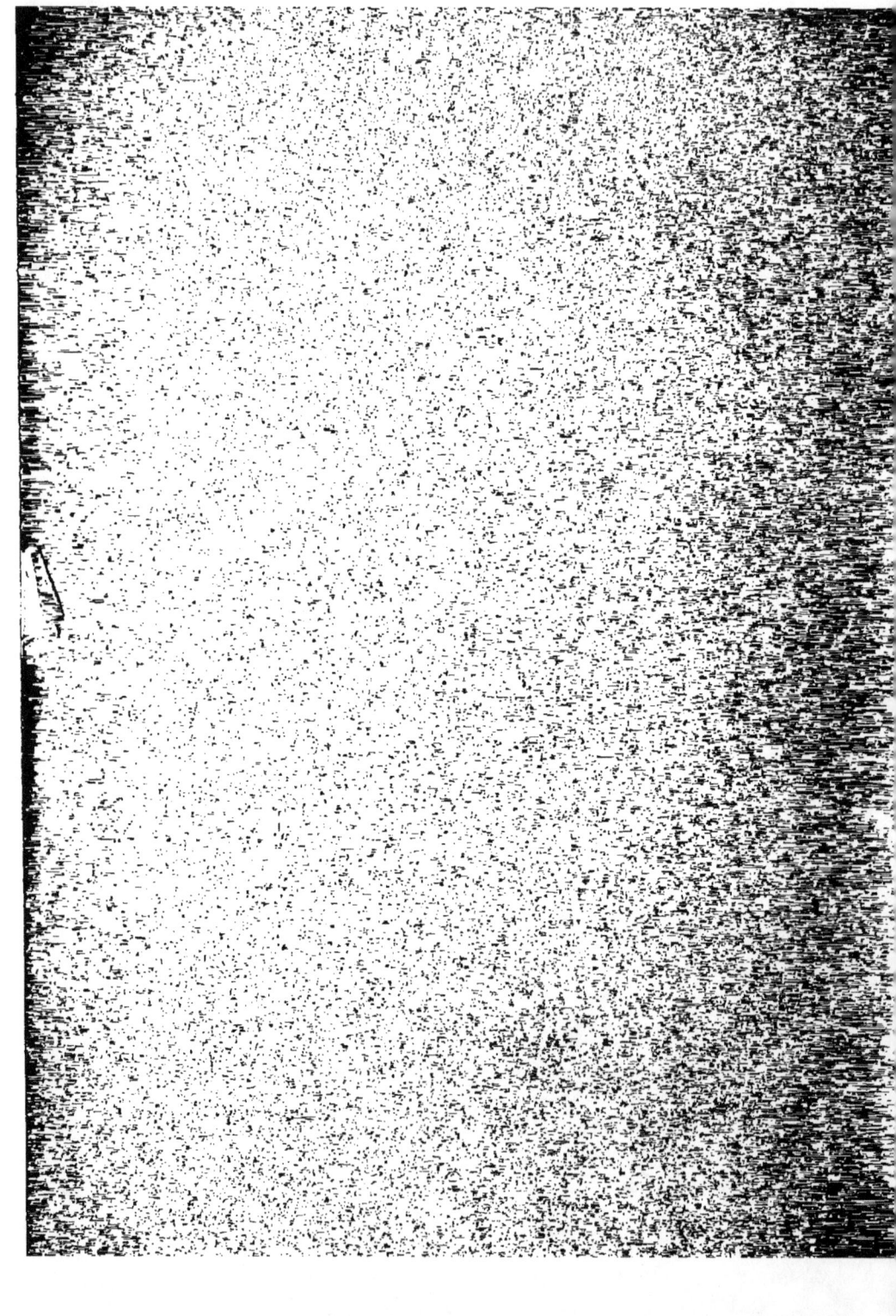

www.ingramcontent.com/pod-product-compliance
Lightning Source LLC
Chambersburg PA
CBHW060617050426
42451CB00012B/2291